Mit Anne und Philipp bei den Piraten

Mary Pope Osborne und Will Osborne

Mit Anne und Philipp bei den Piraten

*Der Umwelt zuliebe ist dieses Buch
auf chlorfrei gebleichtem Papier gedruckt.*

ISBN-10: 3-7855-5386-2
ISBN-13: 978-3-7855-5386-2
2. Auflage 2005
Sonderausgabe. Bereits als Einzelbände unter den Originaltiteln
Pirates Past Noon (© 1994 Mary Pope Osborne) und
Magic Tree House Research Guide – Pirates
(Text © 2001 Will Osborne und Mary Pope Osborne,
Illustrationen © 2001 Sal Murdocca) erschienen.
Alle Rechte vorbehalten.
Erschienen in der Original-Serie *Magic Tree House*™.
Magic Tree House™ ist ein Trademark von Mary Pope Osborne,
das der Originalverlag in Lizenz verwendet.
Veröffentlicht mit Genehmigung des Originalverlags,
Random House Children's Books, a division of Random House, Inc.
© für die deutsche Ausgabe 2005 Loewe Verlag GmbH, Bindlach
Als Einzeltitel in der Reihe *Das magische Baumhaus* sind bereits
erschienen: *Der Schatz der Piraten* und *Forscherhandbuch Piraten*.
Aus dem Amerikanischen übersetzt von Sabine Rahn,
Cornelia Panzacchi
Umschlagillustration: Jutta Knipping
Printed in Germany (007)

www.loewe-verlag.de

Inhalt

Der Schatz der Piraten

Zu spät! 9
Am Meer 22
Piraten in Sicht! 29
Miese Beute 36
Der „Kinder-Schatz" 42
Das Auge des Wals 50
Sturmgefahr 59
An die Arbeit! 64
Das Geheimnis von „M" 72
Noch ein Schatz 76

Forscherhandbuch Piraten

Die ersten Piraten 91
Piraten der Neuen Welt 105
Das goldene Zeitalter der Piraten 115

Piratenschiffe 133
Das Piratenleben 143
Piratenschätze 155
Zum Angriff! 165
Seeräuberei in späterer Zeit 179
Register..........................184

Mary Pope Osborne

Der Schatz der Piraten

Aus dem Amerikanischen
übersetzt von Sabine Rahn

Illustriert von Jutta Knipping

Zu spät!

Philipp starrte aus dem Fenster seines Zimmers. Es regnete und regnete.

„Im Fernsehen haben sie gesagt, dass es nachmittags aufhört", sagte Anne, seine siebenjährige Schwester.

„Es ist schon Nachmittag", antwortete Philipp.

„Aber wir müssen doch zum Baumhaus!", sagte Anne, „ich bin sicher, dass dieser ‚M' heute da sein wird."

Philipp rückte seine Brille zurecht und holte tief Luft. Er war sich gar nicht so sicher, ob er diesen „M" jetzt überhaupt schon kennen lernen wollte. Diesen geheimnisvollen Jemand, der all die Bücher in das Baumhaus gelegt hatte.

„Komm schon", sagte Anne.

Philipp seufzte. „Na gut. Bring du unsere Regenmäntel und Gummistiefel. Ich hole das Medaillon und das Lesezeichen."

Anne rannte los, um die Regensachen zu holen.

Philipp griff in die Schublade seiner Kommode und nahm das Medaillon heraus. Es war aus Gold und hatte den Buchstaben M eingraviert.

Dann nahm er das Lesezeichen in die Hand. Es war aus blauem Leder und hatte das gleiche M darauf. Und diese beiden M sahen genauso aus wie das auf dem Fußboden des Baumhauses.

Philipp steckte das Medaillon und das Lesezeichen in seinen Rucksack und packte auch sein Notizbuch und einen Stift ein.

„Ich habe die Regensachen!", rief Anne.

Philipp nahm seinen Rucksack und ging die Treppe hinunter. Anne wartete an der Verandatür und zog sich schon die Stiefel an.

„Ich warte draußen auf dich", sagte sie.

Philipp schlüpfte in seine Regenjacke und in die Stiefel, setzte seinen Rucksack auf und ging auch hinaus.

Ein kräftiger Wind blies.

„Auf die Plätze, fertig, los!", rief Anne.

Mit gesenkten Köpfen liefen sie durch den regnerischen Wind.

Nach kurzer Zeit waren sie im Wald von Pepper Hill.

Sie plantschten durch die Pfützen, bis sie unter der höchsten Eiche im Wald standen. Sie blickten nach oben. Hoch über ihnen, zwischen zwei Ästen, war das Baumhaus. Gegen den stürmischen Himmel sah es dunkel und verlassen aus. Die Strickleiter, die von dem Baumhaus herunterhing, schwankte im Wind.

Philipp dachte an all die Bücher dort oben. Hoffentlich wurden die nicht nass.

„,M' ist bestimmt auch da", sagte Anne.

„Wie kommst du darauf?", fragte Philipp.

„Das spüre ich", flüsterte Anne.

Sie ergriff die Strickleiter und begann hinaufzuklettern. Philipp folgte ihr.

Oben im Baumhaus war es kühl und feucht. Aber die Bücher waren trocken geblieben. Sie waren alle ordentlich an der Wand entlang gestapelt – genauso wie gestern.

Anne nahm das oberste Buch vom Stapel – mit diesem Ritter-Buch waren sie ins Mittelalter gereist.

„Weißt du noch, der Ritter?", fragte sie.

Philipp nickte. Er würde den Ritter, der ihnen geholfen hatte, nie vergessen.

Anne legte das Ritter-Buch zurück und nahm das nächste Buch vom Stapel. Es war das Dinosaurier-Buch, das sie in die Urzeit gebracht hatte.

„Erinnerst du dich?", fragte sie.

Philipp nickte. An das Pteranodon, das sie vor dem Tyrannosaurus rex gerettet hatte, würde er sich immer und ewig erinnern!

Dann hielt Anne das Buch über das alte Ägypten hoch.

„Miau!", sagte sie.

Philipp lächelte. Das Ägypten-Buch hatte sie zu den Pyramiden ins alte Ägypten gebracht. Dort hatte sie eine schwarze Katze aus der dunklen Pyramide hinausgeführt.

„Und hier ist das Buch über zu Hause", sagte Anne.

Sie hielt das Buch hoch, in dem die Fotos von ihrer Heimatstadt abgebildet waren: Pepper Hill, Pennsylvania.

Philipp lächelte wieder. Das Pennsylvania-Buch hatte ihn und Anne nach jedem ihrer Abenteuer wieder zurück nach Hause gebracht.

Philipp seufzte. Wer war bloß dieser „M", der all die Bücher hierher gebracht hatte? Ob der Ritter, das Pteranodon und die Katze diesen „M" kannten? Schließlich griff Philipp in seinen Rucksack und holte das goldene Medaillon und das lederne Lesezeichen heraus. Er legte sie auf den Fußboden, dorthin, wo das M ganz schwach auf dem Holz leuchtete.

Regen wehte ins Baumhaus.

„Brrr!", machte Anne. „Es ist nicht besonders gemütlich heute."

Philipp nickte. Es war zu kalt und zu nass.

„Sieh mal." Anne deutete auf ein offenes Buch in der Ecke. „Ich kann mich nicht erinnern, dass dieses Buch gestern aufgeschlagen war."

„Ich mich auch nicht", meinte Philipp erstaunt.

Anne nahm das Buch in die Hand und starrte das Bild auf der aufgeschlagenen Seite an.

„Hey, das sieht ja echt toll aus da!" Sie zeigte Philipp das Bild.

Er sah einen sonnigen Strand. Ein großer grüner Papagei saß in einer Palme, und auf dem blauen Meer segelte ein Schiff.

Wieder blies eine Windböe Regen in das Baumhaus.

Anne deutete auf das Bild. „Ich wünschte, wir wären dort und nicht hier!"

„Ja", sagte Philipp, „aber wo ist dort?"
„Zu spät!", krächzte es.
Anne und Philipp drehten sich schnell um. Auf einem Ast draußen vor dem Fensterbrett hockte ein grüner Papagei.

Er sah genauso aus wie der Papagei auf dem Bild.

„Zu spät!", krächzte der Papagei noch einmal.

„Ein sprechender Papagei!", rief Anne. „Heißt du vielleicht Polly? Darf ich dich Polly nennen?"

Plötzlich fing der Wind an zu pfeifen.

„Oh nein! Jetzt sitzen wir echt in der Klemme!", rief Philipp.

Der Wind wehte stärker. Die Blätter zitterten. Das Baumhaus begann, sich zu drehen, schneller, immer schneller.

Philipp machte ganz fest die Augen zu. Dann war wieder alles ruhig. Vollkommen ruhig.

Philipp öffnete die Augen.

„Zu spät!", krächzte Polly.

Am Meer

Philipp spürte das heiße Sonnenlicht, das in das Baumhaus fiel. Er roch Salzwasser. Er hörte das Geräusch von Wellen.

Anne und er sahen aus dem Fenster. Das Baumhaus war in einer Palme. Unten rauschte das leuchtend blaue Meer. Ein großes Segelschiff war am Horizont – alles sah aus wie auf dem Bild im Buch.

„Zu spät!", krächzte Polly.

„Schau doch!", rief Anne.

Polly zog einige Kreise über dem Baumhaus und flog dann hinunter zum Meer.

„Komm, ihr nach. Lass uns ins Wasser gehen!", sagte Anne. Sie zog ihre Regenjacke aus und ließ sie auf den Boden fallen.

„Warte, ich muss erst in dem Buch nachlesen", sagte Philipp. Er griff nach dem Buch, aber Anne schnappte es sich.

„Du kannst doch auch am Strand lesen", meinte sie.

Ohne auch nur auf den Umschlag zu schauen, schob sie das Buch in Philipps Rucksack. Philipp seufzte. Aber das Wasser sah wirklich verlockend aus!

„Okay", sagte er und zog sich ebenfalls seine Regenjacke aus.

„Dann komm!", rief Anne. Sie reichte Philipp seinen Rucksack und kletterte die Leiter hinunter. Philipp folgte ihr.

Sobald Anne im Sand stand, rannte sie zum Meer. Philipp sah zu, wie sie ins Wasser watete. Sie hatte immer noch ihre Gummistiefel an.

Philipp zog Stiefel und Strümpfe aus und stellte sie neben seinen Rucksack. Er rollte seine Jeans hoch und rannte über den heißen Sand in die Wellen.

Das Wasser war warm und klar. Philipp konnte Muscheln und winzige Fische erkennen. Mit der Hand schützte er seine Augen vor der Sonne und sah hinaus aufs Meer. Das große Segelschiff schien ein wenig näher gekommen zu sein.

„Wo ist eigentlich Polly?", fragte Anne.

Philipp blickte sich um. Keine Polly zu sehen. Weder in den Palmen noch auf dem sonnigen Sand oder über dem leuchtend blauen Meer.

Als Philipp wieder aufs Meer hinaussah, war das Schiff noch näher gekommen. Jetzt konnte er sogar schon die Flagge erkennen.

Er starrte auf das flatternde Viereck, und es lief ihm ein kalter Schauer über den Rücken. Die Flagge war schwarz, mit einem weißen Totenkopf und zwei gekreuzten Knochen darauf.

„Oh Mann!", flüsterte er.

„Was ist denn los?", fragte Anne und plantschte auf ihn zu.

Philipp rannte zu seinem Rucksack.

Er holte das Buch heraus und schaute zum ersten Mal auf den Umschlag. Anne las den Titel des Buches.

„Oje", sagte sie.

„'Piraten der Karibik'", las Philipp vor.

Piraten in Sicht!

„Wir sind zu den Piraten gereist!", rief Philipp.

„Piraten?", stöhnte Anne, „solche wie die in ‚Peter Pan'?"

Philipp blätterte zu dem Bild mit dem Papagei, dem Meer und dem Schiff. Er las die Bildunterschrift vor:

Vor dreihundert Jahren überfielen Piraten in der Karibik die mit Schätzen beladenen spanischen Schiffe.

Er holte sein Notizbuch und seinen Stift aus dem Rucksack und schrieb auf:

Piraten in der Karibik

Dann blätterte er auf die nächste Seite, auf der das Bild einer Piratenflagge zu sehen war. Er las vor:

Die Piratenflagge wurde „Totenkopf-Flagge" genannt.

„Nichts wie weg!", sagte Anne.
„Warte mal", hielt Philipp sie zurück. „Ich will noch schnell eine Zeichnung von der Piratenflagge machen."
Er legte das Piraten-Buch in den Sand und fing an zu zeichnen.
„Mal doch nicht das Bild aus dem Buch ab", sagte Anne, „schau dir lieber die richtige Flagge an!"
Aber Philipp rückte seine Brille zurecht und zeichnete weiter.

„Philipp, ein paar der Piraten steigen jetzt in ein Ruderboot", berichtete Anne.

Philipp ließ sich nicht stören.

„Das Ruderboot legt vom großen Schiff ab", sagte Anne.

„Was?" Philipp sah auf.

„Schau doch!" Anne deutete aufs Meer.

Philipp sah hin. Das Ruderboot kam direkt auf den Strand zu.

„Lauf!", schrie Anne und rannte zurück zum Baumhaus.

Philipp sprang auf, und seine Brille fiel zu Boden.

„Beeil dich!", schrie Anne ihm zu.

Philipp ließ sich auf die Knie fallen und tastete nach seiner Brille. Wo war sie bloß?

Da sah er etwas im Sand glitzern und griff danach – es war seine Brille. Hastig setzte er sie wieder auf, warf sein Notizbuch und seinen Stift in den Rucksack, packte seine Stiefel und Socken und rannte los.

„Schnell! Sie kommen!" Anne war schon ganz oben auf der Strickleiter.

Philipp sah zurück aufs Meer. Die Piraten kamen immer näher an den Strand.

Da fiel sein Blick auf das Piraten-Buch. In der Aufregung hatte er es völlig vergessen. Es lag immer noch im Sand.

„Mist! Ich habe das Buch vergessen!" Er ließ seine Stiefel und Socken unter dem Baumhaus fallen.

„Komm schon!", rief Anne ungeduldig.

„Ich bin gleich wieder da", rief Philipp hoch. „Ich muss das Buch holen!"

„Philipp, nicht!"

Aber Philipp rannte schon wieder runter zum Strand.

„Komm zurück!", schrie Anne.

Philipp stopfte das Buch in seinen Rucksack.

Auf einmal schwemmte eine riesige Welle das Boot direkt an den Strand.

„Lauf, Philipp, lauf!", schrie Anne.

Drei große Piraten sprangen auf den Strand. Sie hatten Messer zwischen den Zähnen. Sie trugen Pistolen im Gürtel. Sie liefen auf Philipp zu.

„Lauf weg, Philipp! Lauf weg!", schrie Anne.

Miese Beute

Philipp rannte, so schnell er konnte, über den heißen Sand. Aber die Piraten waren schneller. Und ehe Philipp wusste, wie ihm geschah, hatte der größte der Piraten ihn geschnappt.

Philipp wehrte sich, aber der Pirat hatte kräftige, starke Arme. Er hielt Philipp fest und lachte gehässig. Er hatte einen struppigen schwarzen Bart und eine Augenklappe über einem Auge.

Philipp hörte Anne schreien und sah, dass sie dabei war, hastig die Strickleiter hinunterzuklettern.

„Bleib, wo du bist!", rief er.

Aber Anne hörte nicht auf ihn. „Lassen Sie ihn los! Sie Fiesling!", rief sie.

Die anderen beiden Piraten lachten böse. Sie sahen schmutzig und abgerissen aus.

Anne griff den größten der drei Piraten an. „Sie sollen ihn loslassen!", rief sie. Sie boxte und trat nach ihm.

Aber der Pirat knurrte nur und packte auch sie. Er hielt Anne und Philipp mit seinen riesigen Händen fest, als wären sie zwei kleine Kätzchen.

„Niemand entkommt Käpten Säbelzahn!", brüllte er. Sein Atem stank fürchterlich.

„Loslassen!", schrie Anne ihn an.

Aber Käpten Säbelzahn lächelte nur. Seine Zähne waren rabenschwarz.

Dann wandte er sich an die anderen beiden Piraten.

„Los, ihr faulen Hunde, seht nach, was in ihrem Baumhaus ist!", befahl er.

„Aye, aye, Käpten!", sagten sie und kletterten die Leiter zum Baumhaus hinauf.

„Und, was habt ihr gefunden, Hein?", rief Käpten Säbelzahn.

„Bücher, Käpten!", riefen Hein und Jan nach unten.

„Grrr! Bücher! Ihr Hunde! Ich will Gold!", knurrte Käpten Säbelzahn und spuckte in den Sand.

„Hunde sind viel netter als Sie!", sagte Anne.

„Psst!", machte Philipp.

Käpten Säbelzahn griff nach Philipps Rucksack.

„Was ist da drin?", fragte er.

„Äh, nichts ..." Philipp machte schnell seinen Rucksack auf. „Nur Papier, ein Stift und ein Buch."

„Noch ein Buch!", brüllte Käpten Säbelzahn. „Das ist vielleicht eine miese Beute!"

Da erklang ein erfreuter Aufschrei.

Käpten Säbelzahn erstarrte. „Was ist los?", rief er.

„Hier, Käpten, hier!"

Hein lehnte sich aus dem Fenster des Baumhauses. Er hatte das Medaillon in der Hand.

„Oh Mist!", dachte Philipp.

„Wirf es herunter!", rief Käpten Säbelzahn.

„Aber das gehört Ihnen doch gar nicht!", rief Anne.

Käpten Säbelzahn ließ Anne und Philipp los und fing das Medaillon auf.

„Gold! Gold! Gold!", schrie er. Käpten Säbelzahn warf seinen Kopf in den Nacken und lachte Furcht erregend. Dann zog er seine zwei Pistolen und feuerte in die Luft. Hein und Jan brachen in Wolfsgeheul aus.

Der „Kinder-Schatz"

Philipp und Anne beobachteten das alles mit Entsetzen. Die goldgierigen Piraten schienen den Verstand verloren zu haben.

Philipp stieß Anne an. Sie bewegten sich langsam von den Piraten weg in Richtung Baumhaus.

„Stehen bleiben!", donnerte Käpten Säbelzahn. Er zielte mit seinen Pistolen auf sie. „Keinen Schritt weiter, Landratten!"

Philipp und Anne erstarrten.

Käpten Säbelzahn grinste und zeigte seine schwarzen Zähne. „Erzählt dem alten Säbelzahn, wo der Rest ist", knurrte er. „Oder bereitet euch auf euer Ende vor."

„Welcher ... welcher Rest?", fragte Anne.

„Der Rest des Schatzes!", brüllte Käpten Säbelzahn. „Ich weiß, dass er hier auf der Insel ist. Ich habe eine Karte."

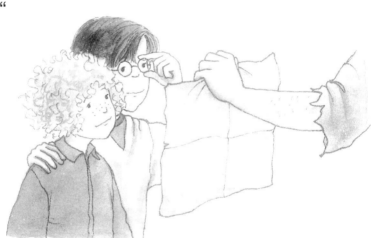

Er griff in eine Gürteltasche und zog ein zerrissenes Stück Papier heraus. Damit wedelte er vor Philipp und Anne herum.

„Ist das eine Schatzkarte?", fragte Philipp.

„Aye, aye. Das ist die Karte zum ‚Kinder-Schatz'."

„Was für ein ‚Kinder-Schatz'? Wir sind zwar Kinder", sagte Anne, „aber von diesem ‚Kinder-Schatz' wissen wir nichts."

„Warum lesen Sie die Karte nicht einfach?", fragte Philipp.

„Lies du sie!" Käpten Säbelzahn warf Philipp die Karte zu.

Philipp starrte auf die seltsamen Zeichen auf dem Papier.

„Was soll das da denn heißen?", fragte Philipp.

„Was soll was heißen?", raunzte Käpten Säbelzahn.

„Diese Worte hier." Philipp deutete auf die Worte unten auf der Karte.

„Das ... äh ... heißt ..." Käpten
Säbelzahn schielte mit seinem
gesunden Auge auf die Karte. Er
runzelte die Stirn. Er hustete und rieb
sich die Nase.

„Ach, lass ihn doch in Ruhe!", fuhr Hein Philipp an.

„Du weißt doch genau, dass er nicht lesen kann", sagte Jan.

„Haltet den Mund!", sagte Käpten Säbelzahn wütend zu seinen Männern.

„Philipp und ich können lesen", prahlte Anne.

„Pssst!", machte Philipp.

„Käpten, lass die beiden doch die Karte lesen", schlug Jan vor.

Käpten Säbelzahn schaute Philipp und Anne hinterhältig an. „Los, lest schon", knurrte er.

„Und dann werden Sie uns gehen lassen?", fragte Philipp.

Der Pirat blinzelte mit seinem gesunden Auge. „Aye, aye, Landratte. Sobald ich den Schatz in Händen halte, lasse ich euch gehen."

„Gut", sagte Philipp, „ich lese es Ihnen vor." Er sah auf die Karte. „Hier steht: *Das Gold liegt unter dem Auge des Wals.*"

„Hä?", machte Käpten Säbelzahn. „Was soll das denn heißen, Landratte?"

Philipp zuckte mit den Schultern.

„Schluss damit! Bringt sie aufs Schiff!", donnerte Käpten Säbelzahn.

„Dort können sie schmoren, bis sie bereit sind, uns zu verraten, wo der Kinder-Schatz liegt!"

Philipp und Anne wurden ins Ruderboot gestoßen. Die Wellen schlugen an die Planken. Der Himmel war plötzlich voller dunkler Gewitterwolken, und ein starker Wind kam auf.

„Rudert, ihr faulen Hunde! Rudert!", schrie Käpten Säbelzahn. Hein und Jan ruderten zurück zum großen Schiff.

„Schau, da!", flüsterte Anne Philipp zu und deutete zum Strand. Polly, der Papagei, flog über den Sand.

„Sie will uns helfen!", flüsterte Anne.

Polly versuchte, über die Wellen zu fliegen, aber der Wind war zu stark. Schließlich kehrte sie um und flog zurück zur Insel.

Das Auge des Wals

Das Ruderboot schaukelte von einer Seite auf die andere. Die Wellen waren riesig. Die salzige Gischt brannte Philipp in den Augen. Ihm wurde übel.

„Gerade halten!", schrie Käpten Säbelzahn, „oder wir werden zu Futter für diese teuflischen Biester!"

Schwarze Flossen durchschnitten das Wasser. Haie! Einer schwamm direkt neben dem Boot. Philipp schauderte.

Endlich legte das Ruderboot längs des Schiffes an.

Philipp hörte Geigen und Dudelsäcke, Juchzen, Schreie und grässliches Gelächter.

„Zieht sie an Bord!", schrie Käpten Säbelzahn seinen Männern zu.

Anne und Philipp wurden an Deck gehoben.

Wo sie auch hinschauten, sahen Anne und Philipp Piraten. Einige tanzten, einige tranken, andere kämpften miteinander.

„Sperrt sie in meine Kajüte", befahl Käpten Säbelzahn.

Ein paar Piraten packten Philipp und Anne, stießen sie in eine düstere Kammer und schlossen die Tür zu.

Die Luft in der Kajüte war feucht, und es roch säuerlich. Graues Licht fiel durch ein kleines, rundes Fenster.

„Oh Mann!", seufzte Philipp. „Wir müssen eine Möglichkeit finden, zurück auf die Insel zu kommen."

„Damit wir ins Baumhaus klettern und nach Hause reisen können", ergänzte Anne.

„Genau." Philipp war plötzlich unglaublich müde. Wie sollten sie jemals aus diesem Schlamassel wieder herauskommen?

„Wir sollten mal in dem Buch nachlesen", schlug Philipp vor.

Er öffnete seinen Rucksack, holte das Piraten-Buch heraus und blätterte darin.

„Schau mal hier", sagte er.

Er hatte ein Bild gefunden, auf dem Piraten eine Schatzkiste vergruben. Zusammen lasen sie, was unter dem Bild stand:

Käpten Ginder war ein berüchtigter Pirat. Man sagt, dass er eine Schatzkiste auf einer einsamen Insel vergraben hat. Die Schatzkiste war mit Gold und Juwelen gefüllt.

„Käpten Ginder!", sagte Philipp.

„Den meint Säbelzahn bestimmt, wenn er ständig vom ‚Kinder-Schatz' spricht", sagte Anne.

„Bestimmt ist es so", antwortete Philipp.

Anne drehte sich um und sah aus dem Fenster.

„Und Käpten Ginders Schatz ist irgendwo auf dieser Insel vergraben", sagte sie.

Philipp nahm sein Notizbuch und den Stift heraus und schrieb:

Käpten Ginders Schatz ist auf der Insel.

„Philipp!", rief Anne.

„Psst, warte mal einen Augenblick", sagte er. „Ich denke nach."

„Rate, was ich sehe!", rief Anne.

„Was?", murmelte Philipp abwesend und las weiter.

„Einen Wal!"

„Prima", sagte er. Dann sah er auf. „Hast du gesagt, einen Wal?"

„Genau. Einen riesigen Wal. So groß wie ein Fußballfeld", bestätigte Anne.

Philipp sprang auf und sah auch aus dem Bullauge.

„Wo?", fragte er. Alles, was er sah, war die Insel, das stürmische Meer und Haifischflossen.

„Da!", sagte Anne.

„Wo? Wo?"

„Na, da! Die Insel sieht aus wie ein riesiger Wal!"

„Oh Mann, tatsächlich", flüsterte Philipp. Jetzt sah er es auch.

„Siehst du den Rücken des Wals?", fragte Anne.

„Klar!" Der Hügel auf der Insel war geformt wie der Rücken eines Wals.

„Und die Fontäne?", fragte Anne.

„Klar!" Die Palme, in der das Baumhaus war, sah aus wie die Fontäne eines Wals.

„Siehst du sein Auge?", fragte Anne.

„Klar!" Ein riesiger schwarzer Felsen sah aus wie das Auge des Insel-Wals.

„Das Gold liegt unter dem Auge des Wals", flüsterte Philipp. „Fantastisch!"

Sturmgefahr

„Dann muss der Schatz unter diesem Felsen liegen", folgerte Anne.

„Stimmt", sagte Philipp. „Jetzt müssen wir nur noch zurück auf die Insel. Wir zeigen Käpten Säbelzahn, wo der Schatz liegt – und dann, während die Piraten graben, schleichen wir uns ins Baumhaus."

„Und wünschen uns nach Hause", ergänzte Anne.

„Genau." Philipp streckte seinen Kopf aus dem runden Fenster. „Käpten Säbelzahn! Hallo!", schrie er.

„Was?", donnerte eine schreckliche Stimme. Käpten Säbelzahn streckte seinen hässlichen Kopf durch das Fenster. Mit seinem gesunden Auge starrte er Philipp an. „Was wollt ihr?"

„Wir wollen jetzt alles sagen", sagte Philipp.

„Nur zu!", knurrte Käpten Säbelzahn.

„Wir wissen, wo Käpten Ginders Schatz vergraben ist."

„Wo?"

„Das können wir Ihnen nicht sagen", sagte Anne. „Das müssen wir Ihnen zeigen."

Käpten Säbelzahn warf Anne und Philipp einen giftigen Blick zu.

„Sie werden ein Seil brauchen", sagte Philipp.

„Und Schaufeln", ergänzte Anne.

Käpten Säbelzahn knurrte unwillig, dann brüllte er seine Männer an: „Bringt Seile und Schaufeln!"

„Aye, aye, Käpten!"

„Dann werft diese Landratten ins Boot. Wir rudern zurück auf die Insel."

Inzwischen zeigten sich noch mehr dunkle Wolken am Himmel. Auch die Wellen waren höher, und der Wind heulte stärker.

„Es kommt gleich ein Sturm", sagte Hein.

„Ihr werdet einen Sturm erleben, wenn ich heute nicht mein Gold bekomme!", donnerte Käpten Säbelzahn. „Rudert, ihr Hunde! Rudert!"

Die drei Piraten kämpften gegen die Wellen, bis das Ruderboot wieder auf der Insel landete. Nacheinander sprangen sie auf den Strand.

Käpten Säbelzahn hielt Anne und Philipp fest.

„Okay, Landratten", knurrte er, „jetzt zeigt uns, wo der Schatz liegt!"

„Dort", sagte Anne und deutete auf den schwarzen Felsen an der Spitze der Insel.

Käpten Säbelzahn schleppte Anne und Philipp den Strand entlang zu dem schwarzen Felsen.

„Macht euch an die Arbeit", sagte Käpten Säbelzahn zu Jan und Hein.

„Und was ist mit Ihnen?", fragte Anne.

„Ich? Arbeiten?" Käpten Säbelzahn lachte.

Philipp musste schlucken. Wie sollten sie ihm nun entkommen?

„Finden Sie nicht, Sie sollten Ihren Freunden helfen?", fragte Philipp.

Käpten Säbelzahn grinste Philipp hämisch an. „Nein. Ich passe auf euch auf, bis ich den Schatz in meinen Händen halte!"

An die Arbeit!

Hein und Jan befestigten ihr Seil an dem großen Felsen. Der Wind heulte, und die Piraten zogen und zogen.

„Sie brauchen Hilfe", sagte Philipp.

„Ach, lasst die Hunde nur arbeiten", knurrte Käpten Säbelzahn.

„Sie sind aber nicht besonders nett zu ihnen", fand Anne.

„Wen kümmert's", antwortete Käpten Säbelzahn.

„Käpten! Geschafft!" Hein und Jan zogen den Felsen über den Sand.

„Jetzt sollten wir da graben, wo der Felsen war", schlug Philipp vor, „alle zusammen."

Aber Käpten Säbelzahn beachtete Philipps Vorschlag nicht.

„Grabt, ihr Hunde! Na los!", schrie er.

Hein und Jan fingen an zu graben. Der Wind blies jetzt noch stärker. Ein Gewitter zog auf.

Käpten Säbelzahn hielt Philipp und Anne mit einer Hand fest, mit der anderen zog er das goldene Medaillon hervor. Er warf es den beiden Piraten zu. Es fiel in die Grube.

„Grabt mehr davon aus!", befahl er.

„Krächz!"

„Schau doch!", rief Anne.

Polly war wieder da. Sie kreiste über ihnen.

„Geht zurück!", krächzte sie.

Jan und Hein sahen hoch zu dem Papagei. Sie runzelten die Stirn.

„Grabt!", schrie Käpten Säbelzahn.

„Da zieht ein starker Sturm auf, Käpten!", sagte Hein.

„Geht zurück!", krächzte Polly.

„Der Vogel ist ein Zeichen, Käpten!", rief Jan.

„Er will uns warnen!", rief Hein. „Wir müssen zurück zum Schiff, ehe es zu spät ist!"

Die beiden Piraten warfen ihre Schaufeln weg und rannten zurück zum Ruderboot.

„Meuterer! Kommt zurück!", schrie Käpten Säbelzahn wütend. Er zog Anne und Philipp den Strand entlang hinter sich her, während er seinen Männern hinterherlief. „Halt!"

Aber die Piraten rannten weiter. Sie erreichten das Ruderboot und schoben es ins Wasser.

„Wartet!", schrie Käpten Säbelzahn.

Hein und Jan sprangen ins Boot und begannen zu rudern.

„Wartet!" Käpten Säbelzahn ließ Philipp und Anne los und rannte ins Wasser. „Wartet auf mich, ihr Hunde!"

Er zog sich ins Ruderboot. Dann verschwanden die drei Piraten hinter der Gischt der riesigen Wellen.

„Geht zurück!", krächzte Polly.

„Sie meint uns", sagte Anne.

In dem Moment brach das Unwetter

über die Insel herein. Der Wind heulte, und es goss in Strömen.

„Los, gehen wir", rief Anne.

„Warte! Ich muss das Medaillon wieder holen", schrie Philipp gegen den Wind. Er rannte zurück zu dem Loch, das die Piraten gegraben hatten, und schaute hinunter.

Selbst in dem düsteren Licht sah er das Medaillon glänzen.

Dicke, schwere Regentropfen fielen in das Loch und wuschen den Sand weg.

Philipp sah ein Stück Holz. Dann spülte der Regen noch mehr Sand weg, und Philipp sah den Deckel einer alten Kiste.

„Beeil dich, Philipp!", schrie Anne. Sie war die Leiter zum Baumhaus schon zur Hälfte hochgeklettert.

„Ich habe sie gefunden!", schrie Philipp zurück. „Ich habe die Schatzkiste gefunden!"

„Lass die Schatzkiste!", rief Anne. „Wir müssen hier weg! Der Sturm wird immer schlimmer!"

Philipp starrte auf die Schatzkiste. Ob da Gold drin war? Silber? Juwelen?

„Komm schon!", drängte Anne, sie sah aus dem Fenster des Baumhauses. Aber Philipp konnte sich nicht losreißen. Er fegte den Rest des Sandes von der Kiste.

„Philipp! Lass die Schatzkiste!", schrie Anne, „wir müssen weg von hier!"

„Geh zurück!", krächzte Polly.

Philipp sah zu dem Papagei. Er saß auf dem schwarzen Felsen. Philipp blickte in seine klugen Augen. Er hatte das Gefühl, dass er diese Augen von irgendwoher kannte.

„Geh zurück, Philipp", sagte Polly. Sie klang jetzt wie ein Mensch.

Philipp warf einen letzten Blick auf die Schatzkiste. Er umklammerte das goldene Medaillon, dann rannte er los, zum Baumhaus.

Seine Socken und Gummistiefel lagen immer noch da. Schnell zog er seine Stiefel an und stopfte die Socken in den Rucksack.

Die Strickleiter tanzte wild im Sturm. Philipp ergriff sie, und sie schaukelte, als er hochkletterte. Endlich zog er sich ins Baumhaus.

„Nichts wie weg hier!", rief er.

Anne hielt das Pennsylvania-Buch schon in der Hand. Sie deutete auf das Bild von Pepper Hill.

„Ich wünschte, wir wären dort!", rief sie.

Es stürmte schon stark, aber jetzt wurde es noch schlimmer.

Das Baumhaus begann, sich zu drehen, schneller und immer noch schneller. Dann war alles wieder still. Totenstill.

Das Geheimnis von „M"

Philipp machte die Augen wieder auf. Wasser tropfte von den Blättern des Baumes.

Sie waren wieder zurück in Pepper Hill. Der Regen hatte nachgelassen. Der Wind auch. Die Luft war lau.

„Oh Mann", seufzte Philipp. „Das war knapp." Er hatte immer noch das goldene Medaillon in der Hand.

„Polly ist weg", sagte Anne traurig. „Ich hatte gehofft, dass sie vielleicht mit uns zurückkommen würde."

„Keines der Zauberwesen ist je mit uns hierher zurückgekommen", erinnerte Philipp sie.

Er setzte seinen Rucksack ab, holte das Piraten-Buch heraus und legte es auf einen der Bücherstapel. Auf das Dinosaurier-Buch und das Ritter-Buch und das Ägypten-Buch. Dann legte Philipp das goldene Medaillon neben das lederne Lesezeichen mit dem M.

Anschließend kniete er sich hin und zog mit dem Finger das schimmernde M auf dem Holzfußboden nach.

„Auf unserer Reise haben wir diesmal kein M gefunden", sagte er.

„Und ‚M' auch nicht!", sagte Anne.

„Krächz!"

„Polly!", rief Anne.

Der Papagei segelte ins Baumhaus, ließ sich auf einem Bücherstapel nieder und sah Philipp unverwandt an.

„Was ... was machst du denn hier?", fragte Philipp ihn.

Langsam breitete Polly ihre leuchtend grünen Flügel aus. Sie wuchsen und wuchsen, bis sie wie ein langer, grüner Umhang waren.

Dann gab es einen Wirbel von Farben, Federn und Licht. Alles verschwamm ineinander, und flatternd verwandelte sich der Papagei.

Polly war jetzt kein Vogel mehr. Wo sie gesessen hatte, befand sich nun eine alte Frau. Eine wunderschöne alte Frau mit langem, weißem Haar und einem durchdringenden Blick. Sie hatte einen Umhang aus grünen Federn umgelegt und saß ganz ruhig auf dem Bücherstapel.

Weder Philipp noch Anne brachten einen Ton heraus.

„Hallo, Philipp, hallo, Anne", sagte die alte Frau. „Ich bin Morgan, die Fee."

Noch ein Schatz

Anne fand ihre Sprache zuerst wieder.
„Das muss ‚M' sein", flüsterte sie.

„Ja, ich bin ‚M'", sagte Morgan.

„Wo ... wo kommen Sie her?", fragte Philipp.

„Hast du schon einmal von König Artus gehört?", fragte Morgan.

Philipp nickte.

„Nun, ich bin die Schwester von König Artus", sagte Morgan.

„Dann kommen Sie von Camelot", sagte Philipp. „Ich habe schon von Camelot gelesen!"

„Und was hast du über mich gelesen, Philipp?", fragte Morgan.

„Sie ... Sie sind eine Hexe!"

Morgan lächelte. „Du darfst nicht alles glauben, was du liest, Philipp."

„Aber Sie sind eine Magierin?", fragte Anne.

„Die meisten nennen mich eine Zauberin. Aber ich bin auch eine Bibliothekarin", antwortete Morgan.

„Eine Bibliothekarin?", fragte Anne.

„Ja. Und ich bin in eure Zeit gereist, um Bücher zu sammeln. Ihr habt großes Glück, dass ihr in einer Zeit geboren seid, in der es so viele Bücher gibt."

„Bücher für die Bibliothek in Camelot?", fragte Philipp.

„Genau", bestätigte Morgan. „Ich reise in diesem Baumhaus, um Bücher von verschiedenen Orten dieser Welt zu sammeln. Und aus unterschiedlichen Jahrhunderten."

„Haben Sie hier auch Bücher gefunden?", fragte Philipp.

„Oh ja! Viele ganz wunderbare Bücher. Ich will sie ausleihen, damit unsere Schreiber sie abschreiben können."

„Dann haben Sie alle die Lesezeichen hineingelegt?", fragte Philipp.

„Ja. Mir gefallen die Bilder in den Büchern. Manchmal möchte ich eine der Szenen auf den Bildern besuchen. Und die Lesezeichen stecken genau da, wo ich gerne hinreisen möchte."

„Wie kommen Sie dorthin?", fragte Anne.

„Ich habe dieses Baumhaus verzaubert", antwortete Morgan. „Wenn ich auf ein Bild deute und einen Wunsch ausspreche, bringt das Baumhaus mich dorthin."

„Ich glaube, das haben Sie bei den Dinosauriern verloren", sagte Philipp und reichte Morgan das goldene Medaillon.

„Oh, danke sehr. Ich habe mich schon gewundert, wo ich das wohl verloren habe", sagte sie und steckte das Medaillon in eine Tasche ihres Umhangs.

„Dann kann also jeder diesen Zauber benutzen?", fragte Anne. „Jeder, der es versucht?"

„Aber nein! Doch nicht jeder", antwortete Morgan. „Ihr beide seid die Einzigen außer mir, die das können. Niemand sonst hat dieses Baumhaus je gesehen."

„Ist es denn unsichtbar?", fragte Anne.

„Ja", antwortete Morgan. „Ich habe nicht damit gerechnet, dass es je entdeckt werden könnte. Aber dann kamt ihr beide, und irgendwie seid ihr direkt in meinen Zauber hineingestolpert."

„Aber wie?", fragte Philipp.

„Nun, ich glaube, dafür gibt es zwei Gründe", erklärte Morgan. „Erstens: Anne glaubt an Magie. Deshalb konnte sie das Baumhaus sehen. Und ihr

Glaube half dir, Philipp, es auch zu sehen."

„Nicht zu fassen", sagte Philipp.

„Dann hast du ein Buch in die Hand genommen, Philipp. Und weil du Bücher so sehr magst, hat mein Zauberspruch gewirkt."

„Boah!", sagte Anne.

„Ihr könnt euch nicht vorstellen, wie entsetzt ich war, als ihr ausgerechnet zu den Dinosauriern reisen wolltet. Ich musste sehr schnell einen Entschluss fassen. Und ich entschied mich mitzukommen."

„Oh", sagte Anne, „dann waren Sie das Pteranodon?"

Morgan lächelte.

„Und die Katze. Und der Ritter! Und Polly!", sagte Anne.

„Ja", antwortete Morgan leise.

„Dann waren Sie immer diejenige, die uns geholfen hat?", fragte Philipp.

„Genau. Aber jetzt muss ich nach Hause. Zwei Leute in Camelot brauchen meine Hilfe."

„Sie gehen?", flüsterte Philipp.

„Ich fürchte, ich muss", sagte Morgan.

Sie hob den Rucksack auf und reichte ihn Philipp. Die Geschwister sammelten ihre Regenkleidung zusammen.

„Sie werden uns doch nicht vergessen, oder?", fragte Anne.

„Niemals", versprach Morgan und lächelte sie beide an. „Ihr seid mir so ähnlich. Du liebst das Unmögliche, Anne. Und du liebst Wissen, Philipp. Könnte es eine bessere Kombination geben?"

Die Fee berührte erst Annes Stirn und dann Philipps. Sie lächelte.

„Auf Wiedersehen", sagte sie.

„Auf Wiedersehen", antworteten Anne und Philipp.

Anne und Philipp kletterten zum letzten Mal die Strickleiter hinunter. Dann standen sie am Fuß der Eiche und blickten nach oben. Morgan sah aus dem Fenster. Ihr langes, weißes Haar wehte im sanften Wind.

Plötzlich wurde der Wind wieder stärker. Die Blätter zitterten. Ein lautes Pfeifen erfüllte die Luft. Philipp hielt sich die Ohren zu und schloss die Augen. Dann war alles still. Totenstill.

Als Philipp die Augen wieder öffnete, war das Baumhaus weg. Einfach verschwunden.

Anne und Philipp standen einen Augenblick dort, starrten zur leeren Eiche und lauschten in die Stille.

Anne seufzte. „Komm, lass uns gehen", sagte sie leise.

Philipp nickte nur. Er war zu traurig, um zu sprechen. Als sie losgingen, steckte er die Hände in seine Taschen. Da fühlte er etwas.

Philipp holte das goldene Medaillon hervor. „Sieh nur!", sagte er. „Wie ist ..."

Anne lächelte. „Morgan muss es reingesteckt haben", vermutete sie.

„Aber wie?"

„Zauberei!", sagte sie. „Ich glaube, das bedeutet, dass sie wiederkommt."

Philipp lächelte. Er umklammerte das Medaillon mit der Hand, während er mit Anne durch den feuchten, sonnigen Wald ging.

Die Sonne schien jetzt durch die Bäume, und die nassen Blätter funkelten. Die Zweige, die Pfützen, die Büsche, das Gras, die Kletterpflanzen, die Blumen – alles glitzerte wie Juwelen, glänzte wie Gold.

„Anne hatte Recht", dachte Philipp. Was sollte er mit der Schatztruhe anfangen? Sie hatten ihre Schätze doch hier zu Hause. Massenhaft! Überall!

Will Osborne und Mary Pope Osborne

Forscherhandbuch Piraten

Illustriert von Sal Murdocca und Rooobert Bayer

Aus dem Amerikanischen übersetzt
von Cornelia Panzacchi

1
Die ersten Piraten

Seit Schiffe die Meere der Welt befahren, gibt es Piraten.

Piraten sind Seeräuber. Sie überfallen Schiffe und auch Küstenstädte.

Es gibt viele Sagen und Legenden über Piraten. Am bekanntesten sind Geschichten von den Piraten, die vor mehr als 200 Jahren lebten. Die Piraten in diesen Erzählungen führen ein aufregendes Leben. Sie missachten die Gesetze. Sie finden vergrabene Schätze. Sie singen Lieder über ihre Heldentaten.

Das Wort Pirat kommt vom griechischen „peirates", Angreifer.

In Wirklichkeit aber sah das Piratenleben ganz anders aus. Die Tage an Bord waren oft sehr langweilig. Das Essen war häufig verdorben. Viele Piraten bekamen furchtbare Krankheiten oder starben bei Seeschlachten und Schiffbrüchen.

Piraten waren Gesetzlose. Sie lebten in ständiger Angst davor, gefasst und für ihre Verbrechen bestraft zu werden. Die Strafe, die ihnen drohte, war meist der Tod.

Trotzdem entschieden sich jahrhundertelang sehr viele Menschen für das Piratenleben. Von der Sehnsucht nach

Tausende von Piraten wurden für die auf See begangenen Verbrechen gehängt.

Reichtum getrieben, befuhren sie Meere und Ozeane.

Griechische Piraten

Schon vor etwa 3 000 Jahren gab es Piraten. Sie überfielen Handelsschiffe vor den Küsten Griechenlands (siehe Karte auf Seite 102/103).

Handelsschiffe befördern Waren und Passagiere.

Diese Piraten der Antike versteckten sich auf Inseln, die der Küste vorgelagert waren. Wenn ein Handelsschiff vorbeikam, ruderten sie ihr Boot aus ihrem Versteck und griffen die überraschten Opfer an. Sie stahlen die Ladung des Schiffes. Manchmal nahmen sie auch Geiseln und behielten das Schiff für sich.

In einem griechischen Mythos entführen Piraten den Gott Dionysos, den Gott des Weines und der Feste.

Ein Mythos ist eine Geschichte, die vom Leben und den Taten der Götter erzählt.

Daraufhin wird Dionysos zu einem Löwen. Die Piraten springen ins Meer, und Dionysos verwandelt sie in Delfine.

Römische Piraten

In einem <u>Hafen</u> legen Schiffe an und werden be- oder entladen. Rund um den Hafen entwickelt sich meist eine Stadt.

Auch für das alte Rom stellten Piraten ein Problem dar. Immer wieder griffen sie Schiffe an, die Waren zu und von römischen Häfen transportierten. Diese Piraten hatten sogar eigene Piratenstaaten. Sie lagen an der Küste der heutigen Türkei.

Der römische Feldherr Julius Cäsar wurde als junger Mann von Piraten entführt und über einen Monat lang

Julius Cäsar

gefangen gehalten. Sie ließen ihn erst frei, nachdem sein Vater für ihn Lösegeld bezahlt hatte.

Nach seiner Rettung führte Cäsar eine Schiffsflotte zum Versteck der Piraten. Sie wurden festgenommen, und Cäsar ließ sie alle töten.

Eine Flotte ist eine Gruppe von Schiffen mit einem gemeinsamen Befehlshaber.

Im Jahre 67 v. Chr. erklärte ein römischer Feldherr namens Pompejus den Piraten den Krieg. Römische Schlachtschiffe griffen die Piraten auf dem Meer an, und römische Legionen überfielen an Land ihre Lager. Mehr als 3 000 Piraten wurden gefangen genommen oder getötet.

Unglaublich: Pompejus' Sohn lief später zu den Piraten über!

Pompejus erhielt den Beinamen „der Große".

Pompejus

Piraten aus dem Norden

Um 700 n. Chr. begannen Wikinger, Dörfer an den Küsten Europas anzugreifen.

Die Wikinger kamen aus Norwegen, Schweden und Dänemark. Sie waren gute Seeleute und Schiffbauer. Die Wikingerschiffe werden auch *Langschiffe* genannt. Sie hatten nur ein Segel, aber viele Ruderpaare, und waren sehr schnell. Oft zierte ein geschnitzter Drachenkopf den Bug.

Wenn die Wikinger ein Dorf angriffen, sprangen sie brüllend von Bord und schwangen ihre Schwerter und Streitäxte. Sie plünderten Häuser und Kirchen und nahmen Gefangene.

Mehr als 400 Jahre lang fielen sie über Dörfer in Westeuropa, Russland und dem Nahen Osten her. Manche ließen sich in dem Land nieder, in das sie eingefallen waren. Sie bauten Häuser, heirateten einheimische Frauen und wurden Landwirte.

Nordafrikanische Piraten

Auch nordafrikanische Piraten griffen fremde Schiffe an.

Diese Korsaren kamen aus den Seeräuberstaaten an der Küste Nordafrikas. Eine wichtige Gruppe unter ihnen waren die Barbaresken.

Die Barbareskenkorsaren waren an den Menschen an Bord genauso interessiert wie an der Ladung. Sie nahmen

Korsar ist ein französisches Wort für „Pirat".

Nordafrikanischer Korsar

sie gefangen und ließen sie nur gegen Lösegeld frei. Wenn das Geld nicht bezahlt wurde, verkauften sie ihre Gefangenen als Sklaven.

Asiatische Piraten

Schon früh machten Piraten die Meere Ostasiens unsicher und plünderten Küstensiedlungen in China und Japan, auf Borneo und den Gewürzinseln.

Die chinesischen Segelschiffe nennt man <u>Dschunken</u>.

Im 17. Jahrhundert befuhr der Pirat Cheng Chih-lung mit einer Flotte von tausend Schiffen das Südchinesische Meer. Später führte Cheng I-Sao, eine Frau, eine Piratenarmee von mehreren tausend Männern und Frauen an!

Die Chinesen erfanden den <u>Kompass</u>. Mit diesem Instrument konnten die Seeleute leichter herausfinden, in welche Richtung sie fuhren.

Bis gegen Ende des 15. Jahrhunderts befuhren die Piraten hauptsächlich die Meere rund um Europa, Afrika und den Nahen Osten. Nach 1492 aber entdeckten sie eine neue Welt voller Schiffe mit wertvollen Ladungen.

Frühe Piraten

Griechische Piraten

Römische Piraten

Wikinger

Korsaren

Asiatische Piraten

Auf den folgenden Seiten siehst du die Welt der frühen Piraten.

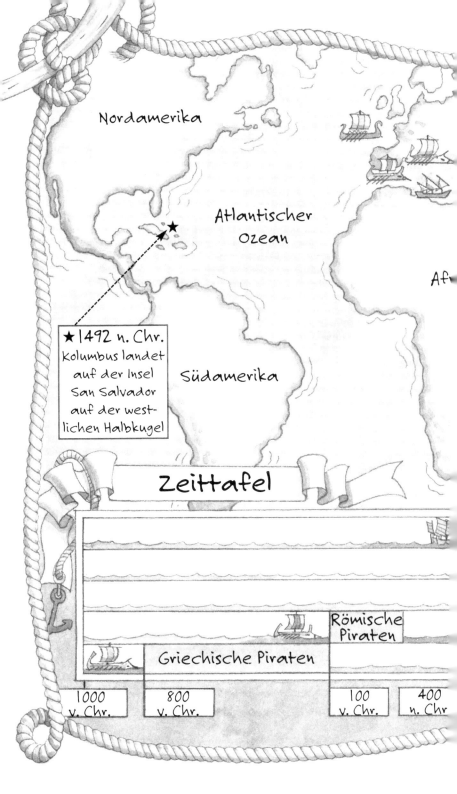

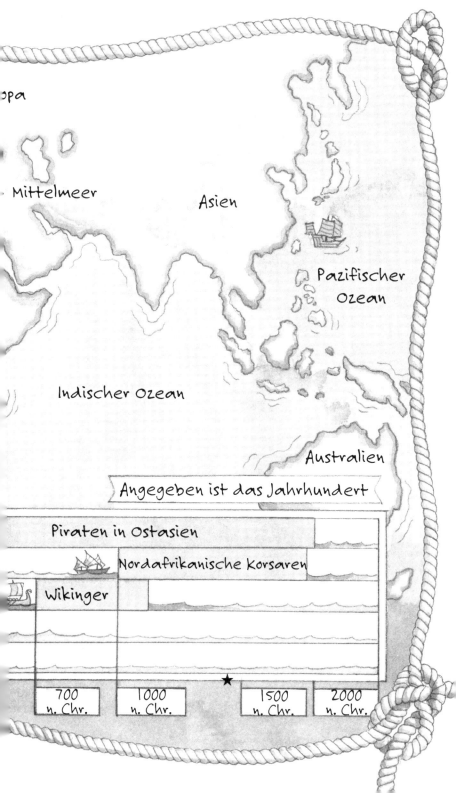

2
Piraten der Neuen Welt

Im Jahre 1492 ging der Entdecker
Christoph Kolumbus auf eine Seereise,
die die Weltgeschichte verändern sollte.

Kolumbus sollte im Auftrag des Königs
und der Königin von Spanien einen neu-
en Seeweg nach Asien finden.

Ein Seeweg ist ein Weg, der ausschließlich über das Meer führt.

Kolumbus erreichte Asien nie. Statt-
dessen landete er auf einer Insel im
Karibischen Meer.

Die Insel lag in einem Teil der Erde,
den die Menschen in Europa noch nicht
kannten. Wir sprechen heute von der

westlichen Halbkugel, aber zur Zeit von Kolumbus nannte man diesen Teil der Erde die *Neue Welt*.

Die westliche Halbkugel ist jene Hälfte der Erde, auf der Nord-, Mittel- und Südamerika liegen.

Schon Jahrtausende vor Kolumbus lebten hier amerikanische Urvölker

Nach Kolumbus' Reise eroberten Spanier große Gebiete in Mittel- und Südamerika. Sie zerstörten die Kulturen der einheimischen Amerikaner. Sie stahlen ihr Gold und ihr Silber, ihre Edelsteine und andere wertvolle Besitztümer.

Eine Kultur ist eine Lebensweise, die eine Gruppe von Menschen entwickelt hat; Wissenschaft, Kunst und Schrift sind Teile einer Kultur.

Die Spanier luden ihre Beute auf Schiffe, und auf diese Schiffe machten die Piraten Jagd.

Bukanier

Einige der Piraten, die spanische Schiffe plünderten, nannte man *Bukanier*.

Sie waren überwiegend Gesetzlose aus England, Holland und Frankreich, die sich im 17. Jahrhundert auf den verschiedenen Inseln der Karibik niederließen.

Bukanier lebten auf den Inseln. Sie jagten Rinder und wilde Schweine. Von den Indianern lernten sie, Fleisch über Grillfeuer zu räuchern, die *boucans* genannt wurden. Mit der Zeit wurden sie als „boucanier" oder Bukanier bekannt.

Die Spanier, die über die Inseln der Karibik herrschten, beschlossen in den 1630ern, die Bukanier zu vertreiben. Das wollten sich die Bukanier nicht gefallen lassen, und sie wurden Piraten.

Die Bukanier griffen spanische Schiffe an, die an ihren Inseln vorbeikamen. Sie ruderten in Kanus zu ihnen hinaus und enterten sie mit Gewehren, Messern und Äxten. Dann machten sie sich über die Ladung her.

Freibeuter

Eine besondere Art von Seeräubern waren die Freibeuter. Sie arbeiteten im Auftrag von Regierungen. Sie besaßen Papiere, die ihnen gestatteten, Schiffe feindlicher Nationen anzugreifen, zu „kapern".

Kaperer raubten die Ladung der Schiffe, die sie angriffen, und behielten den größten Teil für sich.

Doch auch den Königen, für die sie

Die von der Regierung ausgestellten Dokumente, die das Plündern von Schiffen gestatteten, hießen Kaperbriefe.

arbeiteten, mussten sie etwas von den Schätzen abgeben.

Im 17. Jahrhundert wollten die anderen europäischen Länder einen Teil von der Beute, die Spanien in Amerika machte. Sie beauftragten Freibeuter, spanische Schiffe und Städte anzugreifen.

In ihrem eigenen Land waren Kaperer Helden, für ihre Feinde waren sie nichts anderes als Piraten.

So wirst du ein Bukanier

Bukanier waren vor allem dafür berühmt, dass sie schmutzig waren und stanken. So kannst auch du ein Bukanier werden:

1. *Wasch dich nicht, und zieh nichts Sauberes an!*

Bukanier wuschen sich monatelang nicht. Sie fertigten ihre Kleidung aus Tierhäuten und trugen sie jeden Tag, bis sie völlig zerrissen war.

2. *Trage keine Schuhe!*
Bukanier gingen so gut wie immer barfuß, auch wenn sie Schiffe angriffen.

3. *Grill dir was!*
Schiffe aus der ganzen Welt gingen vor den Inseln der Bukanier vor Anker, um sich mit Wasser und haltbaren Vorräten zu versorgen.

3
Das goldene Zeitalter der Piraten

Das späte 17. und das frühe 18. Jahrhundert waren für die Piraten ein goldenes Zeitalter.

In dieser Zeit beauftragten die Regierungen mehr und mehr Freibeuter damit, die Schiffe ihrer jeweiligen Feinde zu plündern. Die Bukanier griffen alle an, besonders aber die Spanier. Die nordafrikanischen Korsaren machten das Mittelmeer unsicher. Und sofort nach der Gründung der nordamerikanischen

Kolonien griffen Seeräuber aller Art die Schiffe an, die mit den Kolonien Handel trieben.

Das Reisen auf See wurde so gefährlich, dass viele Staaten beschlossen, gegen die Piraterie anzukämpfen. Sie erließen strenge Gesetze gegen Piraten und alle, die mit ihnen Handel trieben. Sie rüsteten Kriegsschiffe für die Jagd auf Piraten aus.

Hunderte von Piraten wurden im Kampf getötet. Andere wurden vor Gericht gebracht und für ihre Verbrechen gehängt.

Um 1720 war das goldene Zeitalter der Piraten vorbei. Doch einige von ihnen waren inzwischen zu Legenden geworden.

Philipps und Annes

Piratengalerie

Geschichten und Bilder
der berühmtesten Piraten
aller Zeiten

Sir Francis Drake

Sir Francis Drake war ein englischer Entdecker, Kaperfahrer und Pirat. Außerdem umsegelte er als erster Engländer die Welt.

Als junger Mann war Drake einmal auf einem Schiff, das von Spaniern angegriffen wurde. Dabei starben viele seiner Freunde. Von da an hasste Drake die Spanier.

Im Jahre 1577 brach er zu einer Reise um die Welt auf. Unterwegs überfiel er zahlreiche Schiffe und Städte. Nach drei Jahren kehrte Drake mit einem Schiff voller Schätze zurück.

Königin Elisabeth I. schlug Drake zum Ritter. Kaperer wie Sir Francis Drake wurden in England als Helden gefeiert, doch für die Spanier waren sie nichts anderes als Piraten.

Henry Morgan

Henry Morgan war ein bekannter Bukanier. Er lebte in der Karibik auf der Insel Jamaika.

Jamaika gehörte den Engländern. In den 1660ern versuchten die Spanier, es zu erobern. Daraufhin gab der Gouverneur von Jamaika Morgan und anderen Bukaniern die Erlaubnis, spanische Schiffe und Städte anzugreifen.

Morgan machte den Spaniern schwer zu

schaffen. Er war wegen seiner Kühnheit berühmt, aber auch wegen seiner Grausamkeit. Er überfiel spanische Städte sogar dann noch, als England und Spanien nicht länger gegeneinander kämpften.

Um den Frieden mit Spanien zu erhalten, ließ der englische König Morgan verhaften. Doch er kam nie vor Gericht. Später wurde er zum Ritter geschlagen und zum stellvertretenden Gouverneur von Jamaika ernannt.

Kapitän Kidd

William Kidd war ein Kapitän aus New York. Im Jahre 1695 beauftragte ihn der König von England, Piraten zu jagen, die Handelsschiffe angriffen. Doch anstatt den Auftrag auszuführen, wurden Kapitän Kidd und seine Mannschaft selbst zu Piraten.

Als er von seiner Fahrt zurückkehrte, wur-

de Kidd vor Gericht gestellt. Er behauptete, seine Männer hätten ihn gezwungen, zum Piraten zu werden. Doch er wurde für schuldig befunden und 1701 gehängt.

Bevor er verhaftet wurde, hatte Kidd einen Teil seines Schatzes vergraben. Später entstanden viele Geschichten über den verborgenen Schatz von Kapitän Kidd.

Long Ben (Henry Avery)

Henry „Long Ben" Avery war ein britischer Seemann, bis er 1694 mit einer Kaperfahrt beauftragt wurde. Als der Lohn für die Mannschaft ausblieb, beschlossen sie gemeinsam, Piraten zu werden. Long Ben ernannten sie zu ihrem Kapitän.

Long Ben und seine Männer kaperten ein indisches Segelschiff. Die Ladung bestand aus Diamanten und anderen Kostbarkeiten und wäre heute weit über 400 Millionen Euro wert.

Long Ben setzte sich mit seinen Schätzen zur Ruhe. Manche sagen aber, er wäre später um seinen Reichtum betrogen worden und als armer Mann gestorben.

Black Bart (Bartholomew Roberts)

Bartholomew Roberts war der erfolgreichste Pirat des goldenen Zeitalters. Er begann seine Karriere als einfacher Matrose.

1719 griffen Piraten das Schiff an, auf dem er fuhr. Roberts schloss sich ihnen an. Später ernannten die Piraten Roberts zu ihrem Kapitän. Von da an wurde er Black Bart genannt.

In weniger als vier Jahren kaperte Black Bart 400 Schiffe. Er starb in einem Seegefecht gegen die königliche britische Marine.

Calico Jack (John Rackham), Anne Bonny und Mary Read

John Rackham war Piratenkapitän in der Karibik im frühen 18. Jahrhundert. Seinen Namen hatte er aufgrund seiner Kleidung aus buntem Baumwollstoff (Kaliko).

Anne Bonny lernte Calico kennen, als er die Insel besuchte, auf der sie lebte. Die beiden verliebten sich. Anne zog sich Männerkleider an und trat Calicos Piratenmannschaft bei.

Bei einem seiner Angriffe nahm Calico Jack einen jungen Matrosen gefangen. Auch er entpuppte sich als Frau in Männerkleidern. Die Frau hieß Mary Read.

Anne Bonny und Mary Read fuhren mit Calico, bis sein Schiff 1720 angegriffen wurde. Augenzeugen berichteten, dass sie das Schiff verteidigten, während sich die Männer unter Deck versteckt hielten. Calico Jack wurde gehängt, und Anne Bonny und Mary Read kamen ins Gefängnis.

Blackbeard (Edward Teach)

Blackbeard war der berühmteste Pirat aller Zeiten. Dabei war er nur zwei Jahre lang Pirat: von 1716 bis 1718!

Seinen Spitznamen verdankte er seinem langen, buschigen schwarzen Bart. Vor einer Schlacht steckte er sich Lunten unter den Hut, die er dann in Brand setzte.

Die Leute hatten vor Blackbeard solche Angst, dass sie sich ihm fast immer kampflos ergaben. Schließlich befahl der Gouverneur von Virginia (USA) seiner Kriegsmarine, Blackbeard das Handwerk zu legen. Der Pirat kämpfte erbittert und wurde schließlich von der Mannschaft eines Kriegsschiffs getötet.

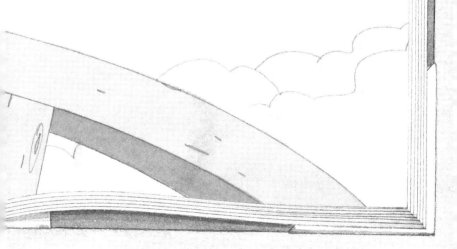

4
Piratenschiffe

Im Laufe der Jahrhunderte veränderten sich die Schiffe, mit denen die Piraten die Weltmeere befuhren.

Die frühen Piraten hatten Galeeren. Eine Galeere ist ein großes Ruderboot mit Segeln. Bei gutem Wind sorgten die Segel für mehr Geschwindigkeit.

Die Barbareskenkorsaren besaßen gewaltige Galeeren. An den Rudern saßen knapp hundert Männer. Auch bewaffnete Krieger fuhren mit. Mit diesen Schiffen wurden nur selten längere Fahrten unternommen. Denn es waren so viele Männer an Bord, dass kein Platz für Vorräte blieb.

Galeere der Barbareskenkorsaren

Segelschiffe

In ihrem goldenen Zeitalter fuhren die meisten Piraten auf Segelschiffen. Der Wind begleitete sie während ihrer langen Reisen auf der Suche nach Schätzen und Abenteuern.

In vielem ähnelten die Segelschiffe einander. Sie waren alle aus Holz. Sie hatten große Segel aus Leinwand. Einige dieser Segel hingen von Stangen, die man *Rahen* nennt. Die Rahen waren an hohen Masten befestigt.

Die Schiffe hatten genug Laderaum, um Vorräte und Beute aufzunehmen. Die meisten waren mit mehreren Kanonen und kleineren Geschützen ausgestattet, mit denen Schiffe auf See angegriffen werden konnten.

Ein Geschütz ist eine große Schusswaffe, z. B. eine Kanone.

Piratenschiffe

Aus Holz gebaut

Große Segel

Rahen

Masten

Laderaum

Geschütze

Typen von Segelschiffen

Es gibt viele verschiedene Typen von Segelschiffen.

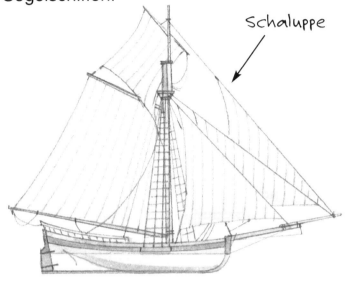
Schaluppe

Viele Piraten bevorzugten *Schaluppen*. Das sind kleine Schiffe mit einem Mast. Sie konnten nicht so viele Geschütze und Männer aufnehmen wie große Schiffe, waren aber im Kampf wesentlich wendiger. Vor allem aber waren Schaluppen sehr schnell.

Schnelle Schiffe waren für Piraten sehr wichtig. Sie mussten flink genug sein, um ihre Opfer einzuholen – und auch, um vor Verfolgern zu fliehen!

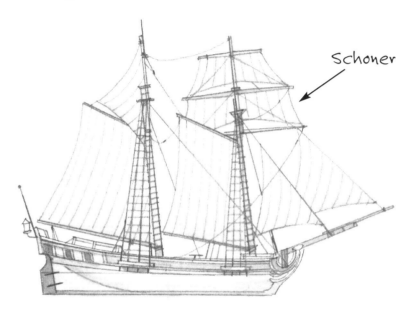

Schoner

Schoner und *Brigantinen* haben zwei Masten. Auch sie sind sehr schnell. Schoner waren besonders bei den amerikanischen Kaperfahrern des späten 18. und frühen 19. Jahrhunderts beliebt.

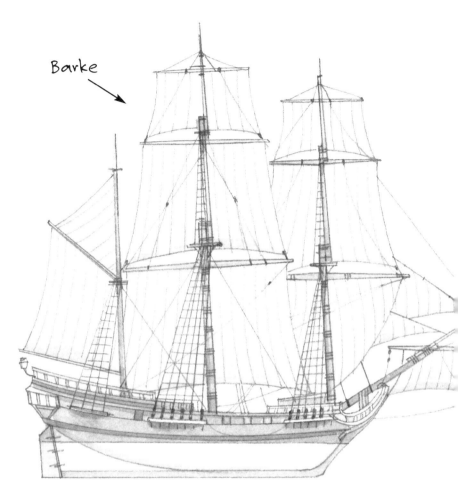

Barke

Barken haben drei oder mehr Masten. Sie sind langsamer als kleinere Segelschiffe. Aber manche Piraten bevorzugten sie, weil sie mehr Geschütze aufnehmen konnten – und mehr Beute!

Typen von Segelschiffen

Schaluppe – ein Mast

Schoner – zwei Masten

Brigantinen – zwei Masten

Barken – drei und mehr Masten

Auf den folgenden Seiten lernst du die Teile eines Piratenschiffs kennen.

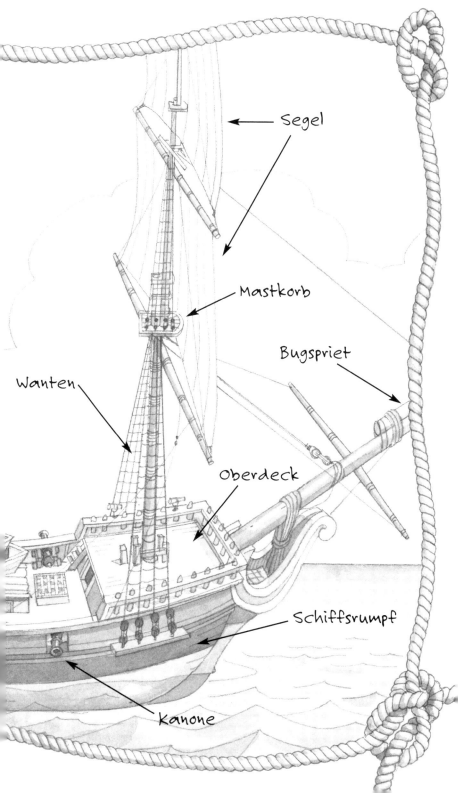

5
Das Piratenleben

Piraten waren Diebe, Mörder und Entführer. Sie missachteten die Gesetze aller Länder der Welt, doch sie gehorchten den Gesetzen, die an Bord ihrer Schiffe galten.

Die Piratengesetze schrieben ihnen vor, wie sie sich an Bord zu verhalten hatten. Sie führten auch Strafen für diejenigen auf, die die Gesetze brachen. Außerdem regelten die Gesetze auch, wie ein gestohlener Schatz zwischen Crew und Kapitän aufgeteilt wurde.

Jedes Piratenschiff hatte eigene Gesetze. So etwa sahen sie aus:

Piratengesetze

1. Jeder Mann der Mannschaft erhält einen gerechten Anteil der Beute.
2. Keine Kämpfe untereinander.
3. Wetten sind verboten.
4. Keine Frauen an Bord.
5. Waffen müssen stets sauber und einsatzfähig sein.
6. Die Strafe für Diebstahl, Flucht vor einem Kampf oder Verschweigen wichtiger Informationen ist der Tod!

Piratenkapitäne

Die Piraten eines Schiffes hatten unterschiedliche Ränge. Der höchste Rang war der des Kapitäns.

Der Kapitän befehligte die Mannschaft in der Schlacht. Er war auch der *Navigator*. Das bedeutet, dass er dafür verantwortlich war, dass das Schiff den richtigen Kurs nahm.

Auch ein Piratenkapitän musste die Gesetze beachten, die an Bord galten. Sonst konnte es ihm passieren, dass die Mannschaft ihn über Bord warf und einen neuen Kapitän wählte.

Auch wenn der Kapitän von allen respektiert wurde, hatte die Mannschaft viel zu sagen. Sie stimmten über das Fahrtziel ab, darüber, wo und wann sie an Land gehen würden und ob sie ein Schiff angreifen sollten, das sie auf See gesichtet hatten.

Der Quartiermeister

Auch die Arbeit des Quartiermeisters war an Bord sehr wichtig.

Der Quartiermeister entschied, was von einem überfallenen Schiff mitgenommen wurde. Er teilte die Beute auf. Er verteilte die Lebensmittel. Und er sagte jedem Mann, welche Arbeit er an Bord verrichten sollte.

Das Leben auf See

Piratenbanden leisteten harte Arbeit, um ihr Schiff in gutem Zustand zu halten. Sie flickten Segel und Taue, putzten die Kanonen und schrubbten die Decks.

Schiffs-
zwieback
↓

Auf langen Seereisen stellte die Verpflegung ein Problem dar. Manchmal nahmen die Piraten Hühner mit, die unterwegs Eier legten. Auch Trockenfleisch und Schiffszwieback hatten sie dabei. Der Zwieback war überhaupt nicht süß, dafür aber sehr hart. Man sagt, dass darin oft Maden waren und die Piraten ihn im Dunkeln aßen, um die Maden nicht zu sehen.

Auf langen Fahrten erkrankten Seeleute früher häufig an einer Krankheit namens *Skorbut*. Erst relativ spät fand man heraus, dass Mangel an Vitamin C Ursache für diese Krankheit war.

Ein weiteres Problem stellte das Trinkwasser dar. Da man Salzwasser nicht

Skorbut ist eine Krankheit, bei der man seine Zähne verliert und sehr kraftlos wird.

trinken kann, führten alle Schiffe Fässer mit Wasser, Bier, Wein und Rum mit.

Auf langen Fahrten langweilten sich die Piraten oft an Bord. Um sich die Zeit zu vertreiben, spielten sie Würfelspiele. Manchmal rauften sie auch.

Auf vielen Schiffen waren Glücksspiele und Schlägereien verboten. Es war Aufgabe des Quartiermeisters, alle zu bestrafen, die gegen diese Gesetze verstießen.

Igitt! Auf den Piratenschiffen waren viele Ratten. Sie fraßen alles an – selbst das Holz des Schiffes.

Piratenstrafen

In den Piratengeschichten müssen manchmal Leute *über die Planken gehen*. Das bedeutet, dass sie gezwungen wurden, mit gefesselten Händen und verbundenen Augen über eine Planke zu laufen, die man über die Schiffswand gelegt hatte. Mit anderen

Worten: Sie mussten gefesselt ins Meer springen.

Es gibt kaum Hinweise dafür, dass es diese Strafe auch in Wirklichkeit gab. Wahrscheinlicher ist, dass Verstöße gegen die Gesetze mit Auspeitschen oder Erschießen bestraft wurden.

Eine weitere furchtbare Strafe bestand darin, dass die Verurteilten auf einsamen Inseln ausgesetzt wurden.

Diese Inseln waren meist sehr klein. In den meisten Fällen ertrank der Ausgesetzte bei dem Versuch, die Insel zu verlassen, oder er verhungerte oder verdurstete. Oft ließ man ihm ein Gewehr oder eine Pistole, damit er sich erschießen konnte.

Philipp und Anne stellen vor: Piratensprache

Raus aus der Matte! – Steh auf!
Die frühen Piraten schliefen auf dem Boden. Hängematten sind eine Erfindung der Indianer und wurden von den Seeleuten übernommen.

Teerjacke – Matrose, Seemann
Damit ihre Jacken Wasser abweisend wurden, bestrichen die Seeleute sie früher mit Teer.

Davy Jones' Spind – der Meeresboden
In den 1630ern beschloss ein Pirat namens David Jones, ein Schiff zu versenken, das er mit seinen Männern angegriffen hatte. Seitdem sagten Piraten, dass alles, was ins Meer geworfen wurde – auch Menschen – zu Davy Jones' Spind geschickt wurde.

Alle Wetter! – Ausdruck des Erstaunens
Das Wetter spielte im Leben der Piraten, wie überhaupt aller Seeleute, eine große Rolle.

Maat – Matrose, Seemann
Die Bezeichnung stammt von Mat, einem alten Wort für „Essen"; ein Maat ist also ein Tischgenosse vom gleichen Schiff.

6
Piratenschätze

Warum lebten Piraten freiwillig unter den furchtbaren Lebensbedingungen, die an Bord ihrer Schiffe herrschten? Warum waren sie zu grausamen Taten bereit? Wieso riskierten sie ihr Leben?

Die meisten Piraten hätten diese Fragen mit einem einzigen Wort beantwortet: Geld.

Ein einziger erfolgreicher Überfall auf ein Schiff mit wertvoller Ladung konnte alle Mitglieder einer Piratenmannschaft zu reichen Männern machen.

Beute

Beute ist alles, was man einem Feind mit Gewalt wegnimmt.

Piraten überfielen Schiffe, um Beute zu machen. Die Beute, die sie am meisten interessierte, war Gold.

Gold gilt überall auf der Welt als wertvoll. Die Piraten träumten davon, Schiffe zu kapern, deren Ladung aus Goldmünzen, Goldbarren und Goldschmuck bestand.

Spanische Goldstücke nannte man Dublonen. Acht Dublonen entsprachen dem Jahreslohn eines gewöhnlichen Matrosen.

Auch Silber war willkommen. Silbermünzen nannte man Stücke von Achten, weil jede Münze acht spanische Reales wert war – etwa 25 Euro.

Meist aber mussten sich die Piraten mit weniger wertvoller Beute begnügen.

Aus einem erbeuteten Schiff nahmen sich die Piraten alles, was sie brauchen konnten: Tabak, Gewürze und Zucker konnten sie im nächsten Hafen verkaufen. Den Passagieren nahmen sie den Schmuck ab; von der Mannschaft forderten sie Gewehre, Schwerter und Messer ein.

Sie nahmen auch Segel und Taue mit, die sie brauchen konnten. Nahrung, Wasser, Bier und Wein teilten sie untereinander auf. Sie stahlen außerdem alle

Stücke von Achten

Medikamente, die sie finden konnten; sie waren eine begehrte Beute, denn Piraten litten an vielen Krankheiten.

Medikamentenschrank eines Schiffsarztes

Blackbeards Schiff, die Queen Anne's Revenge, war ein umgebautes französisches Handelsschiff.

Mitunter behielten Piraten auch das ganze Schiff. Sie rüsteten es zu einem Piratenschiff um und zwangen die Mannschaft, sich ihnen anzuschließen. Meist stellten sie sie vor die Wahl: Macht bei uns mit oder sterbt!

Die Beute der Piraten

Golddublonen
Silberne Stücke von Achten
Tabak, Gewürze und Zucker
Schmuck
Gewehre, Schwerter und Dolche
Segel und Taue
Lebensmittel und Wasser
Bier und Wein
Medikamente
Ganze Schiffe

Das Teilen der Beute

Die Piratengesetze schrieben genau vor, wie die Beute aufzuteilen war. Die meisten Mannschaftsmitglieder bekamen gleiche Teile, nur Kapitän, Quartiermeister und Schiffsarzt erhielten häufig mehr.

Jeder, der versuchte, mehr für sich zu

behalten, als ihm zustand, wurde mit Tod oder Aussetzen bestraft.

Vergrabene Schätze

Es gibt viele Geschichten über vergrabene Piratenschätze. In diesen Geschichten zeichnen die Piraten meist einen Plan, auf dem das Versteck des Schatzes markiert ist.

Kapitän Kidd lässt einen Schatz vergraben.

In Wirklichkeit vergruben die Piraten ihre Schätze fast nie, sondern teilten sie auf, nachdem sie sie erbeutet hatten.

Die meisten von ihnen gaben ihr Geld an Land sofort wieder aus.

Versunkene Schätze

Vermutlich liegen auch auf ganz abgelegenen Inseln keine Schätze mehr vergraben; auf dem Meeresboden aber sind bestimmt einige zu finden.

Viele Piratenschiffe wurden von Stürmen versenkt, andere in der Schlacht. Wenn ein Piratenschiff sank, nahm es seinen Schatz mit.

Jahrhundertelang haben Menschen nach versunkenen Piratenschiffen gesucht. Ihre Mühen blieben erfolglos – bis Taucher vor kurzem zwei unglaubliche Entdeckungen machten.

Gesunkene Piratenschiffe

Die Whydah

1984 entdeckte ein Meeresforscher namens Barry Clifford Gegenstände vom Deck des Piratenschiffes *Whydah*. Die *Whydah* war 1717 vor der Küste von Massachusetts (USA) gesunken. Sie hatte einem Piraten namens Sam Bellamy gehört und war mit Gold- und Silbermünzen beladen.

Diese Münzen stammen vom Wrack der Whydah.

Die Queen Anne's Revenge

1996 stieß ein Taucherteam vor der Küste von Nordkarolina auf ein weiteres versunkenes Schiff. Seine Entdecker sind sich beinahe sicher, dass es sich um Blackbeards *Queen Anne's Revenge* handelt.

Diese Bronzeglocke soll von der Queen Anne's Revenge stammen.

Zum Angriff!

Beim Angriff auf ein Schiff setzten Piraten viele verschiedene Waffen ein. Ihre wichtigste Waffe aber war der Überraschungsangriff.

Manchmal versuchten Piraten, die Mannschaft des Schiffes, das sie angreifen wollten, zu täuschen. Sie taten so, als wäre ihr Schiff ein harmloses Handelsschiff. Sie versteckten ihre Waffen und setzten die Flagge des Landes, aus dem das andere Schiff kam.

Wenn ihr Schiff nahe genug an das

 Einige Piraten trugen Frauenkleider, um die Männer des anderen Schiffs zu täuschen.

andere herangefahren war, schossen die Piraten ihre Kanonen ab und hissten die Piratenflagge. Sie warfen die Enterhaken auf das andere Schiff und zogen es zu sich heran.

Die Piraten sprangen auf das Deck des anderen Schiffes hinüber. Sie schrien, feuerten ihre Pistolen ab und schwenkten Säbel und Messer.

Wahnsinn! Der Pirat Sam Bellamy kaperte fünfzig Schiffe – und alle bis auf zwei wurden ihm kampflos übergeben.

Die Piraten versuchten, beim Angriff möglichst Furcht erregend zu wirken. Sie wollten so erreichen, dass sich ihre Opfer kampflos ergaben; dies war auch oft genug der Fall. Denn die meisten Seeleute wurden schlecht bezahlt und hatten keine Lust, ihr Leben für die Ladung ihres Schiffes zu opfern.

Die Waffen der Piraten

Im Kampf setzten die Piraten viele verschiedene Waffen ein.

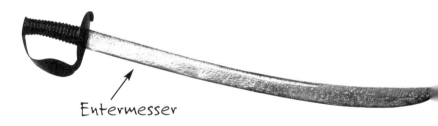

Entermesser

Das Entermesser war während des goldenen Zeitalters die beliebteste Waffe der Piraten. Es war ein kurzes

Schwert mit breiter, scharfer Klinge. Der Griff war so geformt, dass er die Hand des Piraten schützte.

Weil es kürzer als ein Schwert war, eignete sich das Entermesser zum Nahkampf auf dem engen Schiff besser. Es blieb auch nicht so leicht in den Seilen und Segeln hängen.

Doch Piraten kämpften auch oft mit Dolchen, die ebenso wie das Entermesser ideal für den Kampf auf engem Raum waren.

Piraten liebten Dolche, weil sie leicht zu verstecken waren.

Im 18. Jahrhundert hatten viele Piraten so genannte *Steinschlosspistolen*. Mit diesen Pistolen konnten sie immer nur einen

Schuss auf einmal abfeuern. Deshalb hielten sie bei einem Angriff oft in jeder Hand eine Pistole.

Wenn der Schuss abgefeuert war, wurde der Pistolenkolben im Kampf wie eine Keule benutzt.

Piraten hatten auch lange Gewehre, die *Musketen*. Mit ihnen konnte man genauer zielen als mit den Pistolen. Mit einer Muskete konnte ein Pirat ein 100 m entferntes Ziel treffen.

Muskete

Piraten begannen Angriffe manchmal damit, dass sie einen Musketenschuss auf den Steuermann des anderen Schiffes abfeuerten. Wenn er getroffen worden war, war das Schiff wesentlich leichter zu kapern.

Derweilen zerhackten die Piraten mit dem *Enterbeil* die Takelage des gegnerischen Schiffes.

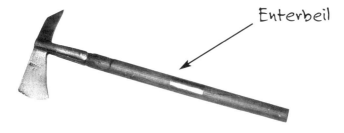

Enterbeil

Ohne *Takelage* (das sind die gespannten Taue) fielen Segel herunter, und das Schiff lag „tot im Wasser".

Die Äxte dienten auch dazu, Türen einzuschlagen und Kisten zu öffnen.

Bei ihren Angriffen verwendeten die

Piraten gelegentlich auch *Rauchbomben*, die aus einem Topf oder einer Flasche bestanden, die mit Teer und Lumpen gefüllt waren. Sie zündeten die Rauchbomben an und warfen sie auf das andere Schiff. Der dicke schwarze Rauch bewirkte, dass ihre Opfer die Orientierung verloren.

Auch die *Kanonen* kamen zum Einsatz. Die Kanonenkugeln waren aus Stein oder Eisen. Sie konnten Segel zerreißen oder den Holzrumpf zerschmettern.

Die Waffen der Piraten

Entermesser
Dolche
Steinschlosspistolen
Musketen
Enterbeil (Äxte)
Rauchbomben
Kanonen

← Kanone

Große Kanonen wie diese wurden von mehreren Männern bedient.

Kanonen wurden allerdings auch gegen Piraten eingesetzt. Am Ende des goldenen Zeitalters verfolgte die britische Marine Piraten mit einer großen Zahl von Kriegsschiffen.

Diese Kriegsschiffe waren sehr groß. Sie konnten wesentlich mehr Kanonen mitführen als die Piratenschiffe und machten auf allen Weltmeeren Jagd auf die Piraten.

Dies ist ein Modell des britischen Kriegsschiffs, das Black Bart angriff und besiegte.

Piratenflaggen

Piratenflaggen hatten den Zweck, die Mannschaft der anderen Schiffe in Angst und Schrecken zu versetzen. Wer die schwarzen oder blutroten Flaggen erblickte, wusste, dass er sich besser gleich ergeben sollte.

Hier einige berühmte Piratenflaggen:

Die Flagge von Calico Jack

Ein Schädelknochen, ein Skelett oder Schwerter auf einer Flagge bedeuteten Gewalt und Tod.

Die Flagge von Blackbeard

Die Sanduhr in der Hand des Skeletts bedeutete, dass für Blackbeards Opfer die letzte Stunde nahte.

Die Flagge von Black Bart

Auf seiner Flagge tanzt Black Bart mit dem Tod.

Long Bens Flagge

Der Schädel auf Long Bens Flagge trägt ein Kopftuch – wie Long Ben es vielleicht auch trug.

8
Seeräuberei in späterer Zeit

Die Seeschlachten am Ende des goldenen Zeitalters konnten die Welt nicht völlig von Piraten befreien. Nordafrikanische Korsaren griffen im Mittelmeer weiterhin Schiffe an. Asiatische Piraten befuhren immer noch das Südchinesische Meer. Und amerikanische Freibeuter griffen im Unabhängigkeitskrieg britische Schiffe an.

Erst im 19. Jahrhundert konnten Piraten beinahe völlig aus den Meeren vertrieben werden.

Der wichtigste Hafen der nordafrikanischen Korsaren wurde 1816 zerstört. 1849 vernichtete die britische Marine eine gewaltige asiatische Piratenflotte. Und 1856 unterzeichneten schließlich mehrere Länder ein Abkommen, in dem sie sich verpflichteten, keine Kaperbriefe mehr auszustellen.

Bald begann auch die Zeit der Dampfschiffe. Mit ihren kleinen Segelschiffen stellten die Piraten für diese großen, schwer bewaffneten Dampfer keine Bedrohung mehr dar.

 Dampfschiffe hatten große, von Motoren angetriebene Schaufelräder.

Doch in Abenteuergeschichten und Erzählungen leben die Piraten weiter.

Im Roman Die Schatzinsel ist Long John Silver ein Schiffskoch, der zum Piratenkapitän wird.

Die berühmteste Piratengeschichte aller Zeiten ist *Die Schatzinsel*. In dem Buch wird erzählt, wie ein Junge auf der Suche nach einem verborgenen Schatz mit Piraten kämpft. Die Schatzinsel wurde 1883 von Robert Louis Stevenson geschrieben.

J. M. Barrie beschrieb 1904 in einem Theaterstück den Kampf von *Peter Pan* gegen einen mächtigen Piratenkapitän. Peter Pan wurde durch Bücher, Theaterstücke und Filme in aller Welt bekannt.

Peter Pan muss gegen den bösen Piraten Kapitän Hook kämpfen.

Auch heute noch erscheinen jedes Jahr neue Bücher und Filme über Piraten.

In der heutigen Zeit gibt es zwar Menschen, die Schiffen auf dem Meer auflauern und sie überfallen, doch mit den Piraten der Vergangenheit haben sie nicht mehr viel gemein. Das goldene Zeitalter ist ein für alle Mal vorbei. In unserer Fantasie jedoch ist es erhalten geblieben.

Register

Aussetzen 151, 160

Barbaresken 98, 178
Barke 138, 139
Barrie, J. M. 182
Bellamy, Sam 162, 168
Beute 156–161
Black Bart 126–127, 175, 177
Blackbeard 131, 158, 163, 177
Bonny, Anne 128–129
Boucan 108
Brigantine 137, 139
Bukanier 107–109, 112–113, 115, 120

Calico Jack 128–129, 176
Cäsar, Julius 94–95
Cheng Chih-lung 100
Cheng I-Sao 100

Dampfschiff 180
Dionysos 93–94
Dolch 169, 172
Drake, Sir Francis 119
Dschunke 99
Dublone 156, 159

Elisabeth I. 119
Enterbeil 171, 172
Enterhaken 166

Entermesser 168–169, 172

Freibeuter 110–111, 115, 179

Galeere 132–134
Goldenes Zeitalter der Piraten, *siehe* Piraten

Hook, Kapitän 182

Indianer 106, 108, 152

Jones, David 152, 153

Kaperbrief 110, 180
Kaperfahrer 119, 125, 137, *siehe* Freibeuter

Kapitän Kidd 122–123, 160
Karibisches Meer 105, 107
Kolumbus, Christoph 102, 105, 106
Korsar 179
Kriegsschiff 173–175

Langschiff 96
Long Ben 125, 177

Morgan, Henry 120–121
Muskete 170–171, 172

Neue Welt 106
Nordafrikanischer Korsar 98, 179–180

Peter Pan 182
Piraten:
  asiatische 99–100,
    101, 103, 179, 180
  Korsaren 98–99, 101,
    103, 115, 179–180
  berühmte 117–131
  Ernährung der
    148–149
  Flaggen der 176–177
  frühe 93–103
  goldenes Zeitalter der
    115–116
  griechische 93, 102
  im Kampf 165–175
  in Geschichten
    91–92, 181–183
  Leben der 92,
    143–153
  römische 94–95,
    101, 102
  Schiffe der 133–141
  Schätze der 123,
    125, 155–163
  Sprache der
    152–153
  Strafen der 149–151
  weibliche 100,
    128–129
  Wikinger 96–97,
    101, 103
Piratengesetz
  143–144, 159
Piratenkapitän 145,
  159
Piratenschiff
  versunkenes
    161–163
Pompejus 95

Quartiermeister 146, 149, 159
Queen Anne's Revenge 158, 163

Rauchbombe 172
Read, Mary 128–129
Real 157

Schaluppe 136, 139
Schatz 123, 125, 155–163
 vergrabener 160, 181
 versunkener 161, 162
Schatzinsel 181
Schiffszwieback 148
Schoner 137, 139
Segelschiff 134–141

Silver, Long John 181
Skorbut 148
Steinschlosspistole 169–170, 172
Steuermann 171
Stevenson, Robert Louis 181
Stücke von Achten 157, 159

Takelage 171

Über die Planke gehen 149–150

Westliche Halbkugel 102, 106
Whydah 162
Wikinger 96–97, 101, 103

Mary Pope Osborne und **Will Osborne** sind seit mehreren Jahren verheiratet und leben zusammen mit ihrem Norfolkterrier Bailey in New York. Mary hat bereits mehr als 50 Kinderbücher geschrieben; Will arbeitete lange als Schauspieler, Regisseur und Autor am Theater.
Zusammen haben sie an zwei Büchern über griechische Mythologie mitgearbeitet.
Zu ihrer gemeinsamen Arbeit an dem *Forscherhandbuch Piraten* meinten die Autoren:
„Wir hatten bei unserer Erforschung des Piratenlebens viel Spaß. Will besuchte das National Maritime Museum in Greenwich in England. Mary war im Wikingerschiffmuseum in Oslo in Norwegen. Das interessanteste Erlebnis aber hatten wir in der Nähe unseres Zuhauses. Anlässlich einer Segelveranstaltung in New York durften wir an Bord eines beinahe 200 Jahre alten Schiffes gehen. Dieser Besuch ließ die Vergangenheit für uns lebendig werden und half uns, das Leben auf See besser zu verstehen."

Jutta Knipping, geboren 1968, hat erst eine Ausbildung zur Druckvorlagenherstellerin absolviert, bevor sie in Münster Visuelle Kommunikation studierte. Schon während ihres Studiums hat sie erste Bücher illustriert. Mittlerweile ist sie freiberuflich als Grafik-Designerin und Illustratorin tätig. Jutta Knipping lebt mit ihrem Mann in der Nähe von Osnabrück und lässt sich von ihrem Kater Momo gern bei der Arbeit zugucken.

Bildnachweis

Archivo Iconográfico, S. A./CORBIS (Seite 157). Bettmann/CORBIS (Seite 94). WILLIAM CURTSINGER/NGS Image Collection (Seite 162). Dorling Kindersley (Seite 182). Dorling Kindersley/National Maritime Museum, London (Seite 170 unten, 171, 174–175). Mary Evans Picture Library (Seite 98, 160, 180). Hulton Getty/Liaison Agency (Seite 95). National Maritime Museum, London (Seite 92, 99, 134, 148, 158, 166, 168, 169, 173, 178, 180). N.C. Division of Archives and History (Seite 163). Privatsammlung/Bridgeman Art Library: Walking the Plank (Stich) von Howard Pyle (1853–1911) (Seite 150). Jeffrey L. Rotman/CORBIS (Seite 156).

Forscherhandbuch

Alle Hintergründe zu Annes und Philipps Reisen findest du in den Forscherhandbüchern!

ISBN 3-7855-5794-9

ISBN 3-7855-4005-1

Eisiger Wind schlägt Philipp und Anne entgegen, als das magische Baumhaus zum Stillstand kommt. Wo sind sie nur diesmal gelandet?
Um sie herum ist nichts als Schnee, Eis und karge Felsen. Doch dann entdecken die beiden eine geheimnisvolle Höhle. Was bedeuten die seltsamen Zeichnungen an der Wand? Philipp und Anne folgen der Spur, und plötzlich sind sie mitten in einem spannenden Abenteuer im Reich der Mammuts.

Mit vielen Fotos ...

ISBN 3-7855-4185-6

ISBN 3-7855-5793-0

... und tollen Illustrationen!

ISBN 3-7855-4007-8

ISBN 3-7855-5792-2